ESTE LIVRO PERTENCE À...

IBC – INSTITUTO BRASILEIRO DE CULTURA LTDA
CNPJ 04.207.648/0001-94
Avenida Juruá, 762 – Alphaville Industrial
CEP. 06455-010 – Barueri/SP
www.editoraonline.com.br

Presidente: Paulo Roberto Houch
MTB 0083982/SP
Coordenação Editorial: Priscilla Sipans
(redacao@editoraonline.com.br)
Redator estagiário: Leonan Mariano
Coordenação de Arte: Rubens Martim
Programador Visual: Renato Darim Parisotto
Vendas: Tel.: (11) 3393-7727 (comercial2@editoraonline.com.br)

Todos os direitos reservados.
3ª Impressão | 2024

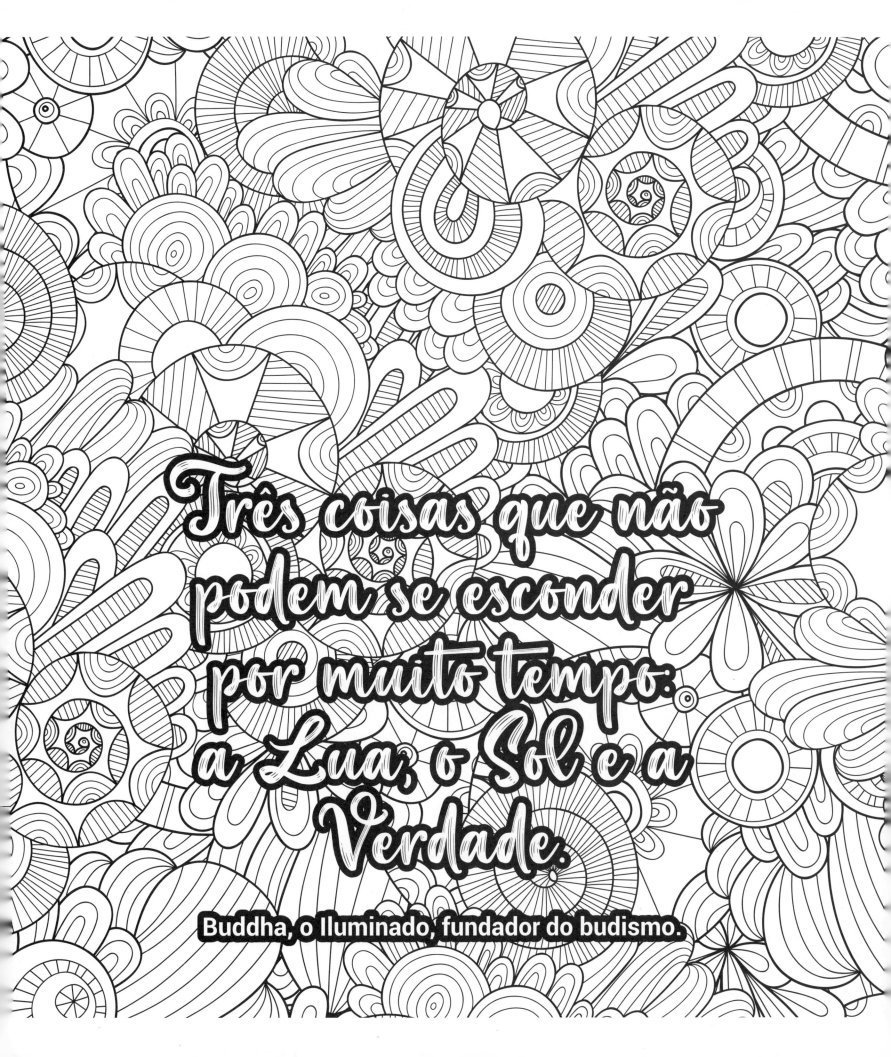

A terra tem música para aqueles que a escutam.

William Shakespeare, poeta e dramaturgo inglês.

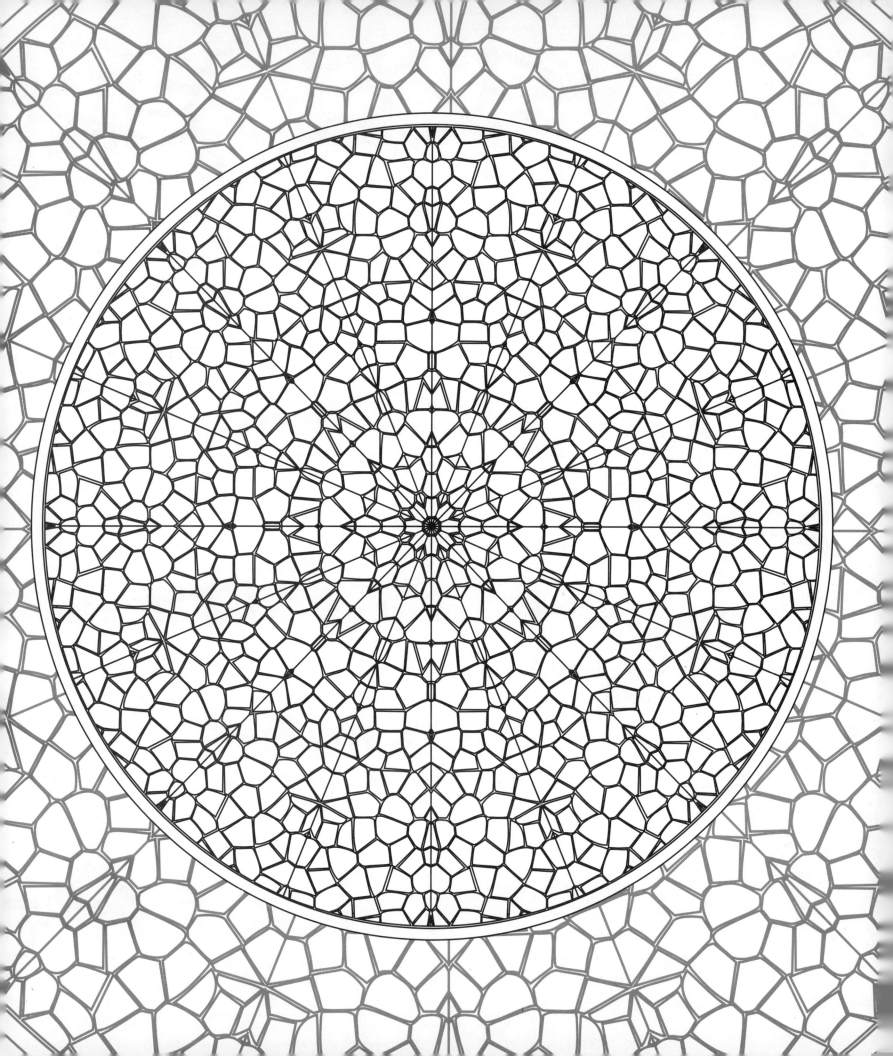

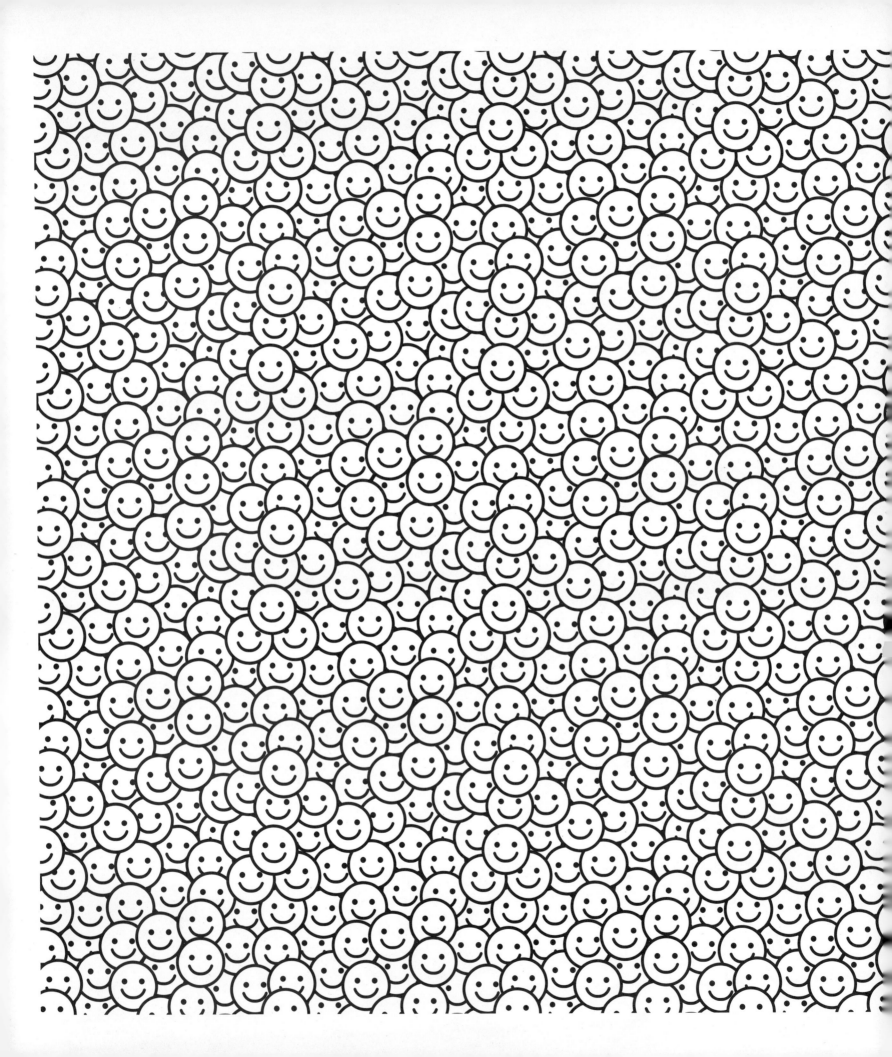

O PROPÓSITO DE NOSSAS VIDAS É SER FELIZ.

DALAI LAMA, MONGE BUDISTA.

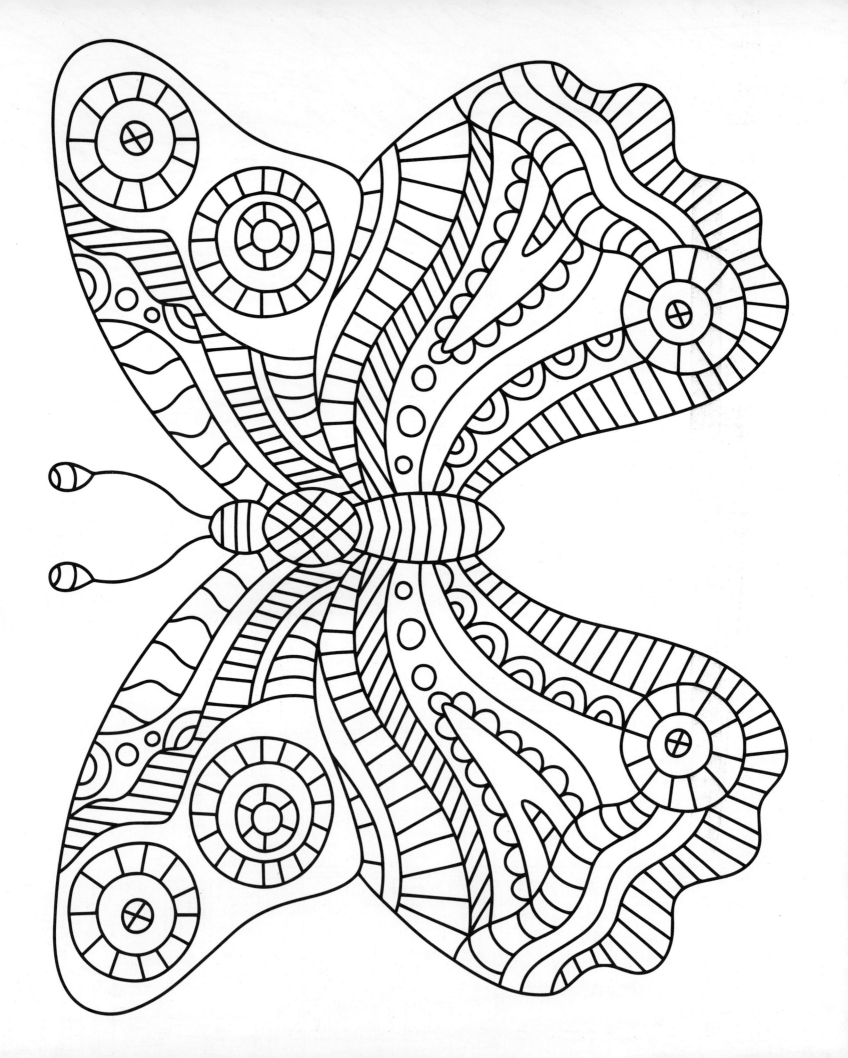

A vida, se souber como vivê-la, é longa.

Sêneca, filósofo e político romano.

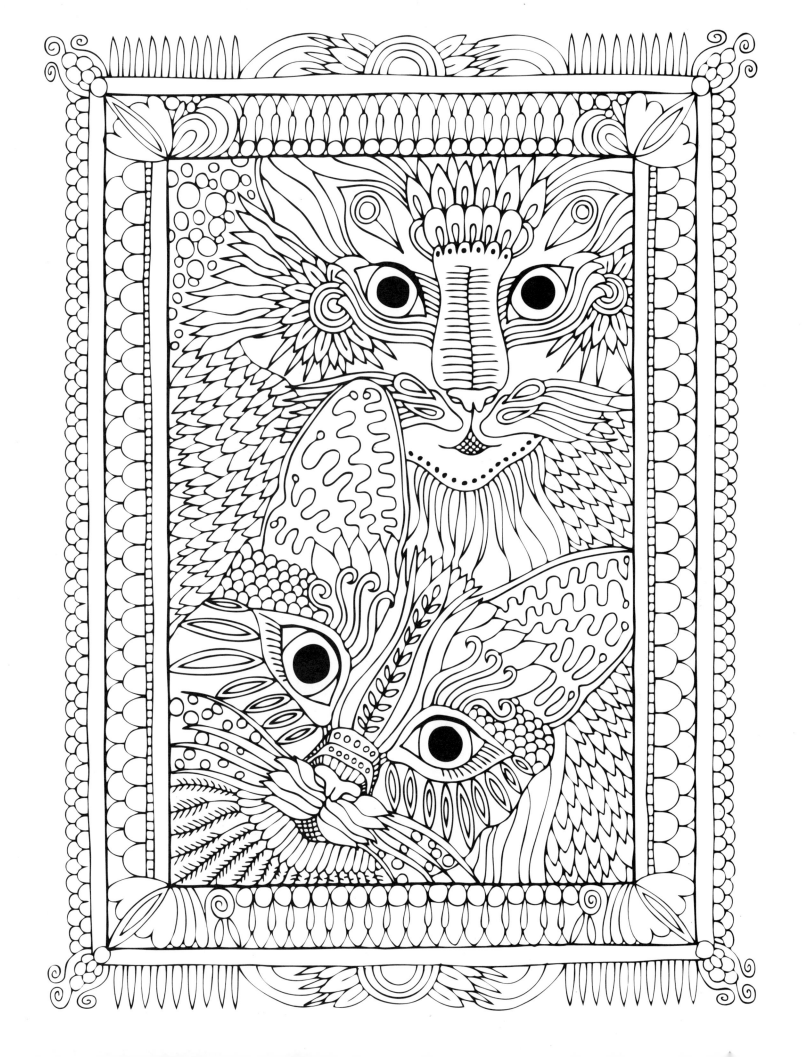

Não importa que você vá devagar, contanto que você não pare.

Confúcio, filósofo chinês.

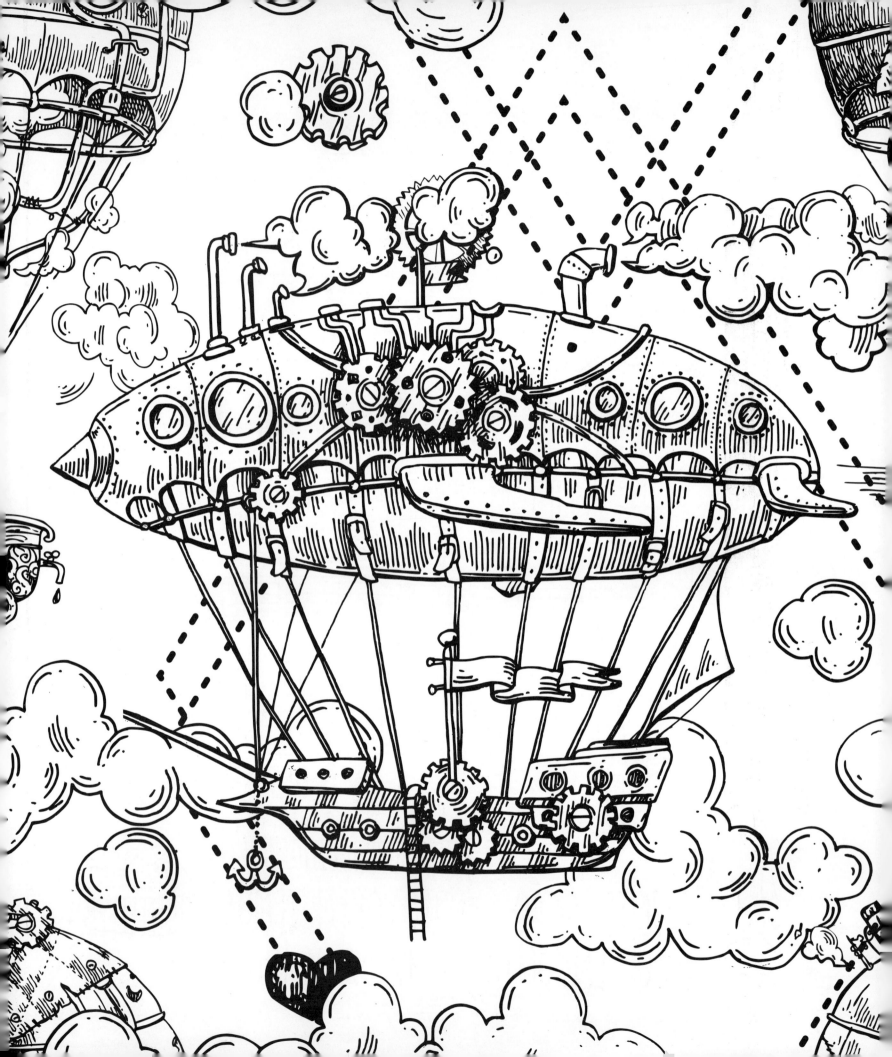

Coragem é saber o que não temer.

Platão, filósofo e matemático grego.